월선리의 달

월선리의 달

박철영 시집

문학들

시인의 말

시만 쫓아다니다
사람에게 해야 할 말들을
죄다 잃어버렸다

더 늦기 전
다시 말을 배우고
사람을 배우고
정갈로 사람다워진 뒤
마지막 숨소리 같은
나의 시를
생각해 봐야겠다

2015년 가을
박철영

차례

5 시인의 말

제1부

11 구절초
12 입추 농심
13 늙은 호박
14 오목눈이
15 논을 갈아엎으며
16 우동 한 그릇
18 관촌댁
20 옥수역에서
22 월선리의 달
23 칠월 논가에서
24 식정리 논 67번지
25 시월 논배미
26 간짓대
27 동로골 아이들
28 가을날에
29 속내
30 떠나간 것들에 대하여
31 빈집

제2부

35	헛꽃
36	시간 외 160시간
37	"야"
38	염장
40	굽은 손가락
41	야근
42	너를 보며
43	지리산에 들러거든
44	할매네집 식당
45	벙어리 노부부
46	밥 한 끼
47	하루살이
48	빛나는 것은
49	이렇게 살려 하네
50	낮고 작은 풍경들
52	말오줌때나무
53	불면
54	어떤 울림

제3부

57 이슬
58 된장 때깔
59 찔레꽃
60 슈퍼에서 마신 맥주 두 병
61 집 고양이
62 매화 피던 날
63 층층이꽃
64 칠백 년의 사랑
66 겨울 실상사
67 이인 휴게소
68 우포늪
69 여명
70 피나물꽃 그대
71 연향도서관에서
72 첫눈
73 공허
75 청매 핀 강가
76 유리창엔 비
78 선암매

79 **해설** 슬픔을 발라내고 다독이며 애써 환해지려는 몸짓_ 정양주

제1부

구절초

아늑하다
그대 안
해맑을 수 있으므로

꽃대
마디마디가
죄다 하늘이다

구절초 꽃 핀
저 들녘이
곧 하늘이다

입추 농심

잠자리배미라 부르는 논배미에서
아이들 키워 냈다는 칠십 줄 정씨 아저씨
입추 들자 논두렁에 앉아
벼 포기를 몇 개 쑤욱 뽑아들고
무식한 나 잘 보라며 해부를 시작한다
자 잘 봐
그러니까 처서가 지나면
벼 마디 두 개가 속에서 영글고
입추 들어서면 두 번째 마디 안에서
허연 흘레 같은 게 있어야 돼
봐 요것 보이지
요것이 벼 알갱이가 되는 거여
벼 이삭이 실해 풍년일 거라는데
도무지 내 눈에는 보이지 않는
헛물 같은 벼 알갱이들
농사나 짓는다고
농사꾼 함부로 얕보지 마라는 듯
땅의 조화를 환히 꿰뚫고 있다

늙은 호박

세상사를 말할 때는
겉만 보고 말하지 마라
홀로 꽃 피우고 맺힌
호박덩이일지라도
단 한순간도 허투루 살지 않았다
숨 턱턱 막힌 삼복더위와
처서 넘은 입동까지도
지칠 줄 몰랐을 저 불같은 성정
초겨울 서릿발 돋친 논두렁에서
넝쿨까지 마른 너를 거둬
두 동강을 낸 뒤에야
한 여름날 사라진 뜨거운 해가
네 안에 빼곡한 걸 알았다

오목눈이

흙바람처럼 새 떼들이 날아온다 후드득후드득 눈 덮인 겨울 아침 철들자마자 아들까지 서울로 떠나보내고 일찍이 홀로 되신 월산 아짐네 대숲을 나와 앞집 동인이네 아부지 밭은기침 소리를 피해 새암 쪽 담벼락 인동초 넝쿨 속으로 오목눈이 한 무리 날아든다 밤톨만 한 몸으로 긴 밤 새우느라 더 작아진 언 발 하나 대숲에다 걸어 놓고 며칠째 엄마 없는 아침 부엌 안을 기웃기웃 대더니 젖은 눈 비벼대다 뒷집 용기 형네 눈 덮인 울타리를 타고 동산 너머 웃골로 날아간다 아직도 얼어 있는 대숲 위로 다시 눈이 내린다

논을 갈아엎으며

내 손으로 무언가를 할 수 없어
답답할 때가 정말 듢다
논을 갈아엎을 때도 고랑을 지을 때도
난 그때마다 답답하다
태어나 하고 싶은 것도 못해 보았고
어렵사리 직장이라고 들어가서도
하고 싶은 일을 하지는 못했다
거기다 말이 좋아 아웃소싱이지
거짓말 같은 거 절대 안 한다는 공갈을 믿고
그들이 들이민 곳에다 덜컥 사인해 준
천하의 바보 같은 내가 정말이지 싫다
나이 오십 넘어서도 할 수 없는 것이
아직도 너무 많다는 것을 안다
오늘도 남의 손으로 논을 갈아엎지만
내 손으로 내 땅 정도는 갈아엎고 싶다
갈아엎고 싶은 것이 어찌 논뿐이겠는가
녹슨 보습을 갈아 끼우고
확 갈아엎어 버리고 싶은 것들 참 많다

우동 한 그릇

대성원이란
빛바랜 중국집 간판이
희미한 아버지의 추억 같다
남원 장날
공설시장에 따라왔다
길 잃어 헤맨 적 있다
한참 울다 아버지를 만났지만
도통 촌놈에게는
시장통이 두렵기만 했다
운 좋게 아버지의 손에 이끌려 간
중국집 우동 한 그릇
국물 맛도 좋았지만
긴 면발을 입안으로 빨아들여도
헤맨 시장거리처럼 끝없어
숨이 턱 막혔다
남원 공설시장을 지나다
중국집 간판이 반가워
우동 한 그릇 시켜 먹는데

추억마저 세월 앞어
자꾸만 짧아지는가
길던 면발이 너무 짧다
그런 마음을 알아챘는지
나이 지긋한 주인아줌마
오백 원을 선뜻 깎아 준다

관촌댁

처녀 적 나이도 다 채우지 못하고
시집 왔다는 서른 줄의 관촌댁
삼 년 넘게 오가며 봐 왔지만
시골스런 본색만은 더 짙어졌다
공고 나온 지아비한테 신혼의 꿈 몽땅 걸었지만
녹록잖은 세상사 쉽지만은 않았다
요즘 세상 살기에는 딱 그만이었을
지아비의 그 좋다던 손재주마저
호박순 지르는 것이 전부인 지금
가을 햇살 저문 한참 뒤에도
지아비보다 더 억척스럽게
천여 평 하우스 호박을 유기농으로 키워 내며
화장기 하나 없던 얼굴에
범벅된 따신 햇살이 남기고 간 기미,
고만고만한 네 명의 새끼들 키울 걱정에
속은 땅거미보다 더 어둡겠지만
요즘 들어 부쩍 흥이 난 관촌댁
채솟값 올라 호박 값도 좋아 살 만하다는 미소가

두어 길 농로를 다 덮는다
호박 몇 개 건네줄 땐 더 환해지는 관촌댁

옥수역에서

소싯적 우린
달을 따고 싶어 했지
그때마다 뒤안 대나무가
하나씩 잘려 나갔고
마른 간짓대 끄트머리엔
환한 달덩이가 매달리곤 했지
허탕 치는 날도 종종 있었지만
우린 가슴에다
수천 개의 달을 따 모았지

병훈이 그 친구
서울로 올라가더니
달동네라는 옥수역에서
여직 달 따러 다닌다는 소문 무성하던데
누군가는 그 친구가
옥수동 달동네 사람들한테
가슴속의 달을 하나씩
나눠 주는 것을 보았다는 둥

아직도 병훈이 가슴엔
달덩이가 몇 개나 남았을까

월선리의 달

사람이 좋으면 그런가
동네에 뜬 달빛에 밤도 곱다
곱다고 볼 게 어디 한두 가지랴
달을 보는 사람들이 달보다 곱다

월선리의 달은
황토방에서 자고 일어난다
배시시 문 열고 나선 달이
화장기 없는 시골 아낙 같다

집집이 달궁이다

칠월 논가에서

물빛이 푸를수록 칠월도
깊어 간다는 것을 안다
해 준 것도 해 줄 것도 없는
논가에서 서성이다
푸르게 자란 벼들이 그맙기만 하다
해 준 것 없다고 해 줄 것 없다고
살아생전 마음속 짐까지
챙겨 가신 어머니

식정리 논 67번지

요즘 들어 아무도 없는
그곳을 찾아가는 것은
아버지가 유산으로 남긴 작은 땅 때문
이십 년 전 산수유 꽃보다
어머니를 먼저 떠나보내신 뒤
놓아 버린 아버지의 오래된 삽자루,
큰아이 장가보낼 때쯤
아버지의 마음을 알겠네
가을 해가 땅거미 그리던 곳 따라 걷다가
삽으로 논바닥을 푹 찔러 보았더니
자갈이 우두둑 짚인다
어느 해였던가
일곱 자식의 밥줄인 논에
수해로 패인 웅덩이를 메우느라
몇 달째 해거름보다 더 늦게 돌아오시던
아버지의 휑한 눈빛,
논바닥에 등짐처럼 번진다

시월 논배미

생명을 하나씩 눌러 심었던 땅이
밑동만 허망하다
끝없이 이어질 것 같던 생의 줄판이
모질게 베어져 삭지 못하고 있다

우리 아버지 삽자루 놓은 지 십 년이 지난 요즘도
팔십 생애 땅 파는 고통은 허리 깊숙이 들어 앉아
박힌 가래가 되어 가슴을 움켜쥐는데
닳아 버린 삽자루는 옹이처럼 손바닥에 남아
수습 못한 논배미를 관통하고 있다

간짓대

시골집 안마당에
맨살로 늘어진 빨랫줄을
받치고 서 있는 간짓대
팔월 한낮 더위에 힘도 좋다

푸른 기운 빠진 간짓대
언젠가 힘쓸 일을
죽순 때부터 알았던가
뿌리 끝 단전丹田을 끌어올려
마디마다 기력을
수천 번은 다져 넣었을 터

빨랫줄에 하얀 러닝셔츠도
마른 간짓대처럼
뜨거운 낮 동안 허리춤에다
바람을 빵빵히 채우고 있다

동로골 아이들

소 엉덩이에 이름을 새긴 듯
머리만 봐도 뉘 집 아인 줄 안다
방금 싼 쇠똥처럼 둥직한 냄새가
머리에서 나기 시작하면
며칠 후엔 도장 버짐이 번졌다
그럴 땐 방앗간의 모빌유를 얻어다
바르면 그만이었지만
짓궂은 아이는 동네를 돌며
성한 애들 머리를 들이 문대곤 해
빡빡머리가 거뭇한 도장 버짐이 되어
동로골 아이라는 표시가 되었다

오십 너머 머리 더 환해진 친구들
그때의 흔적이 유달리 번들거린 걸 보면
천생 동로골 아이가 분명하다

가을날에

늪을 가르는 바람 한 점이
억새꽃 모가지에 걸터앉아
흘레를 하는가
주름 깊어진 볼에 세월 지울 분 바르고
시월 파장 꽃놀이를 하는가
한여름의 샛도랑에서
뒹굴다 넘어 버린 몸 어딘가에
헛구역질 뒤 들어찬 태기인가
아랫배가 자꾸 불러오는 늪
못다 내민 추일秋日을 꽃대로 밀어 올리고
잎 끝으로 내민 홍반紅斑이
가을 햇살에 불타고 있다

속내

무언가를 거둬들인다는 것
가슴 벅찰 일이다
칠순 바라보는 할머니가
잘 여문 논에 탈곡기를 들이댄 뒤
좋아서 몸이 날아다닌다

한가한 가을 논이 소란해진 뒤
벼 알갱이를 고스란히 내주고는 지쳤는지
벼줄기들 논바닥에 누워 버렸다
할머니 가마니에 벼를 가득 채우고는
서울과 안산 사는 아들에게
쌀 방아 찧어 보내 줄 거란다
벼줄기처럼 부쩍 가늘어진 허리에
힘에 부친 할머니 대신
벼 가마니를 차에다 실어 주는데
몇 번씩이나 자식들이 효자란다

떠나간 것들에 대하여

겨울이 이른가 싶어
하늘을 보니 아직은 높직하다
가을이라는 느낌이 아직은 가시지 않은 채
우리로부터 먼저 떠나가 버린
가슴이 따뜻한 사람들을 생각한다
우리를 지켜본 길가의 은행나무와
무심히 사계절을 버텨 낸
동구 밖 아름드리 느티나무며 돌무더기까지
그네마저 우리 곁을 떠나가고 있다

한때는 무성했을 이파리 몇 개만 가지에 남기고
아무도 그리워하지 않을 그곳에서
가을비를 맞고 있다
누가 먼저랄 것도 없이
우리에게서 떠나간 사람들과
그 사람들을 잊은 채 살아가는 사람들
불현듯 그 사람들 잘 있는가 싶어
초겨울 밤하늘을 쳐다본다

빈집

그만 돌아오세요, 제발
무엇이 그리 놀라게 했나
식솔들 다 챙겨 떠나간 그녀
저 작은 둥지에서 알콩달콩 새끼들과
다릴 뻗고 살았을 테고
남보다 먼저 일어나
물어 날랐을 끼닛거리 변변찮아
매번 허기로 남았을 터
세간살이 하나 남기지 않고
어디로 황급히 떠났을까
등기부에도 올리지 못할
청거시 여린 나뭇가지에 매달린
둥지 안이 커 보인 것은
이십여 년 전 포항시 죽도동
단칸 셋방이 그리워서는 아니다
난 너에게 차마
방을 비우라는 말은 못했다

제2부

헛꽃

방천 뚝방 위로
참외 넝쿨 무성하다
가린 잎 사이로 노랗게 핀 꽃 몇 송이
들여다보니 헛꽃이다
속 모른 놈 홧김에 내지르기 십상인 헛꽃,
며칠 뒤 줄기마다 뒤에 맺힌
암꽃이 수줍다
네가 피워 낸 헛꽃으로 허방을 딛고 일어나
둥근 중심을 꿈꾸고 있다

시간 외 160시간

기억이 난다
말수 없던 김 씨
아니 지금은 현장 반장이 되었다는 그 사람
지금도 말수 없기는 매한가지다
하기야 이곳에서 근무한 지 이십 년이 넘었는데
죽도록 뼈 빠지게 일해도
이것저것 까고 나면
여전히 쥐꼬리를 달고 다닌다
아이들이 말귀는 알아들어 다행이라며
연말 정산 때를 생각해
현금 영수증 몇천 원짜리도 꼭 챙겨오라고
잔소리를 해 댄다는데
마지막 내뱉던 말 영 귀에 맴도네
백날 그리하면 뭐 한다요
챙겨 간 놈은 따로 있는데,
말수 없는 사람도 할 말은 많다
다만 꾹 참을 뿐이다

"야"

벌열미 산장에서 일하는 야
이름은 우리가 들어도 편하다
입술도 오복해 하얀 이가 단정한 야
늦도록 장작더미에 불을 지펴 주고
후미진 뒷방에 스며들어 쪽잠을 잔다
이국의 짧은 밤 꿈속에서 아내와 자식을 만나러
수만 개의 그리움을 들쳐 메고
아무도 모르게 방글라데시의 집으로 달려가다
먼동에 발걸음 되돌아와
아내와 자식을 안아 줘야 할 손으로
아침부터 산장 마당을 쓸고 있는 사내
주인아저씨는 이름 대신
오늘도 "야"라고 부른다

염장

듣기에 좋은 말은 아니다
느낌대로라면 속이 뒤집혀야 맞다
그렇지만 의외로 편하게 들린다
간만에 물어오는 안부에다
염장을 지르고 싶단 그 말
내 몸 어딘가에 붙어 있어야만 될
그것이 내 몸에서 빠져나갔다가
삶의 진득한 말과 버무려져
되돌아오는 것이라서 되려 반갑다

누군가 내 염장을 질러 주는 것
그것도 품앗이 같아
거저 해 주는 게 아니라는 것
자신의 허실을 찾아내
치고 들어오는 것 같지만
곰곰이 생각해 본다면
허물을 깨달아 가는 것이다
나의 허물이 무엇인가 알고 싶어

누군가 염장을 질러 줄 것 같아
은근히 기다려 보지만
그런 사람 요즘 찾기 힘들다

굽은 손가락

차마 물어보지 못했다
손가락이 굽은 이유 알 수 없어서
그 손을 붙잡고 악수를 나누며
눈을 쳐다보고 아무렇지 않은 듯
같이 웃어 주었다
십여 년 전
좀 나아진 월급 이야기를 하며
환하게 웃던 그때가 더 좋았다
얼굴만은 환했으니까
용접공 김 씨 내민 안전작업허가서에
남 노는 날 일하다 다치지 말라고
굽은 손가락만큼 그 사람 허리
펴졌으면 좋겠다고
밑줄 그어 주며
빽빽한 바람을 써줬다

야근

밤에도 벚꽃은 필 것이다
저들도 밤을 새우느라
눈도 뻑뻑할 것이고 몸은 굳고
발목은 시시때때 저릴 것이다
그런 몸을 뒤척여 가며
환하게 꽃을 피워 낸 것이다
사람들은 꽃만 쳐다보았지
누구 하나 긴 밤 수고한
발목을 어루만지는 이 하나 없다
제철소 교대근무 삼십 년을 해 오며
야근에 몸이 쑤시고 고통스러워도
아무렇지 않은 듯 아침을 맞는 벚나무같이
그렇게 다독이며 여기까지 왔다
야근을 마칠 때마다 거울 앞에 서서
얼굴 속 기계의 소음들을 발라냈다
얼굴이 환해질 때까지

너를 보며

지리산 깊은 골짝에서나
볼 수 있다는 곰취
도심 속 텃밭에서 고개를 쳐들고
무심히 대하는 네가 싫다
반가워 다가서는 거리만큼
고개를 흔들며 너는 나를 모른다 하지만
네가 뿌리내린 텃밭을 보니
왠지 낯설다

우악스런 누군가의 손에
네 생이 송두리째 뽑혀
그 땅에 심어진 것처럼
이곳에서 정붙이지 못한 채
오십 나이 넘게 살고 있다만
이 땅이 낯선 것은
너나 매한가지 아닌가

지리산에 들려거든

능선을 타야만 정상에 이르겠지만
비탈로 비껴가는 산행도 있다
스스로 정상을 포기한 채
능선의 날 막 보다 자신을 더 낮추고
산에 들어설 때부터 삼보일배 하며
오체투지로 산을 경배하는 사람들이 있다

지리산은 사람을 아구나 들이지 않는다
심마니 눈빛을 좇아 헤매고 다녔지만
비탈에 품은 능이 한 수조차도
산은 쉽게 내보여 주지 않는다
하루 내내 빈손인 걸 보면
내가 산에 들기엔 아직 어림없다

할매네집 식당

산촌을 몇 지나치다 보면
햇살박이에 식당 하나쯤 으레 있지
손수 키운 시골 닭으로 떡국을 끓인다며
입부터 바빠지는 붙임의 할매
늘그막에 일 저질렀단다
누대를 물려 온 텃밭 삼백 평에다
펜션을 짓고 할매네집 간판을 달았단다

식당 안을 따라 들어온 햇살도 머쓱한
달걀 아홉 개가 반듯이 놓인 용기 안에서
갓 태어난 아기 병아리가 울고 있다
지어미도 없이 태어난 병아리란다

할매는 웃고 말하지만 못 볼 것을 보았다
인공부화기 저거 하나면 요지경이 되는 판
내 사타구니가 몽근하게 아파 오는 것은
지어미 없는 부화기 속에서
내 아이가 어느 날 줄줄이 태어날 것 같은,

벙어리 노부부

 술기운에 찌든 연향동의 새벽은 다른 곳보다 늦게 시작된다 거리의 걷히지 않은 매캐한 냄새와 밤새 소란한 노래방의 스피커에서 못다 부른 어느 남자의 목쉰 노래가 마지막처럼 흘러나온다 겨울의 긴 밤이 짧기만 한 도시의 뒷골목 어둠 사이에서 술 취한 사람들이 하나둘씩 먹다 남은 음식물처럼 내쳐진다 내쳐진 것 중에는 간간이 쓸 만한 것들을 찾아 다독이며 추스르는 사람이 있다 변변찮은 말을 잃어버리고 생의 중심에서 떠밀려 나온 그 사람들, 세상과 소통하는 언어는 망치로 내리쳐 납작해진 빈 알루미늄 캔이고 손쉽게 버려진 폐지이고 그것을 손수레에 말없이 수습하는 벙어리 아내의 따뜻한 눈빛이다 등 따숩게 자다 출근하는 영하의 새벽, 절로 숙연해진다

밥 한 끼

청승이라 해도 좋다만
꿀벌 한 마리가 바쁘다
그나마 찾아든 들녘이기에 다행이다
비에 젖은 들 밭 가에서
빗장을 열어 준 꽃 한 송이 속 그대
꽃에 다름 아니겠지만
어찌 네 주린 배만 채웠겠느냐
그 꽃도 허기진 밤을 쫓아다니다
너를 찾아다닌 초승달을 베어 물었을 터
아침 주린 배를 채우기에는
그만하면 호사다
하루 일당도 공치고
인력보급소를 며칠째 맴도는 사람들보단
그래도 네가 낫다

하루살이

사랑이 있었기에
하루살이가 태어났겠지
그들은 하루를 말할 때
하루만이라 하지 않고
생애라고 말할지 모르겠다
알에서 깨어나고
세상의 눈부신 태양을 향해 날다
혼자는 갈 수 없는 세상
또 다른 반쪽을 만났을 것이다
하루만이 아닌 만분의 일 초
찰나의 사랑이겠지만
전 생애를 거는 사랑이기에
세상에 남은 흔적은 죄다 사랑이다
사랑은 그렇게 하는 거다
딱 하루인 것처럼

빛나는 것은

사람도 나이가 들면
때로는 가벼워지고 싶을 일이다
정신없이 주워 담던 세상 것들
훌훌 털어 버려야 할 일이다

섬진강 악양 뜰 아래
시월 밤 달빛 받은 모래 둔치
강물 다 비워 낸 뒤
허리 드러내 웃고 있는 것은
탐욕스런 세월 쫓아 흘러왔지만
훌훌 털어 가벼워지고 싶은 것이다
그렇게 세상 것 다 버리고 나면
누구든 저 강모래 둔치처럼
달빛보다 하얗게 빛나는 것이다

이렇게 살려 하네

이렇게 살고 싶었지
우릴 가려 주는 나무도 몇 그루 심고
한 평도 과분한 집이다
낮은 방문을 달고 여닫을 때마다
내 키보다 더 낮게 머리 숙이며
그대와 살가운 한세상 살고 싶었지
북쪽으론 눈 안에 들 만큼 작은 창을 내고
그만큼만 들인 세상을 살자 싶었지
우리가 보는 세상만큼만 사랑할 수 있는
난 오늘 기어이 그런 집을 짓고 싶네
반쯤 너머 가린 쪽창으로 들인 바람에도
넉넉한 들 안 가득 편안한
마음으로 짓는 집 한 채
별 뜨기 전 마저 지을라네

낮고 작은 풍경들

기관사 양반
뭐가 그리 급해 바쁘신가
다른 곳은 몰라도 구례구역부터는
느릿느릿 좀 달려가시게나
주변으로 눈길도 돌려주며
섬진강 물길에 손도 한번 흔들어 주고
홀로 저물어 가는 산과 들에
손사래를 쳐가며 흰소리도 해 보시게
무궁화 열차도 그냥 지나가 버린다는 곳
자꾸만 쇠락해 가는 강가의 사람과
가물거리는 불빛이 새어 나오는 저 집들이야말로
강의 수평선을 채우는 물안개처럼
따신 눈빛 총총한 사람들이 살고 있다네
간이역에도 끼지 못하고
버려지듯 잊혀 가는 곳들이
지나치는 곳곳마다 그대들을 기억하거든
기관사 양반,
누구에게나 하루해가 저물기는 매한가지

그래도 밤이면 반딧불이 같은 강가
낮고 작은 풍경을 지나갈 때면
아련한 기적이라도 울려 주면 좋겠네

말오줌때나무

이름도 지랄 같다
월출산을 오르다 눈에 띈 나무
천하게 불린 유래 알아보니
말채찍으로 쓰인 가지에서
고약한 말 오줌 냄새가 나서였다니

내 천박함으로 세상 불편하게 한 적 있는가
가끔은
뒤돌아볼 일이다

불면

세상이
어둠으로부터 고요해지기 시작하는
두 시부터 설친 밤,
어쩔 수 없이
누군가를 가슴에 담아야만
끝날 것이다

시간 속을 스치고 간 사람들의 눈빛
온전히 담아 오지 못한 채
이 밤 잠 못 드는 이들
참 많을 거란 생각해 본다
나도 그중 하나가 되어
스스로 여명이 되지 못해 떠돌다
잠들지 못한 사람들의
눈언저리만 밝힌다

어떤 울림

또르륵 또르르륵
너무도 맑은 소리다

전기실 앞을 지나가는데
분명히 낯선 소리가 들린다
설마 하는 마음으로 다가서니
소리는 사라지고 조용하다
무전기를 끄고 한참을 기다리자
다시 들리기 시작하는 귀뚜라미 울음소리
소음 가득한 공장 안에서
들려오는 경이로움
기계 돌아가는 마찰음이 아닌
생명을 살궈 낸 소리로
나를 부르고 있다

제3부

이슬

뭐라 말을 해야 하지
바라보기에도 벅차다, 난
하찮은 일에도 울컥
눈물이나 쏟던 내가 부끄럽다
헛것 같은 네 몸으로
하룻밤 사이
저리도 많은 이야기를
쏟아 놓았다니

된장 때깔

장모님 세상 뜨신 것도 모른
아흔 넘은 처 외할매
그동안 생의 기억 지워야 된다며
간간이 깜박거리신다
땅이 편하다며 허리까지 낮추더니
해마다 작아져 천생 아이 같다
설 쇠고 찾아간 외손자딸
빤한 눈으로 바라보다
이월 추운 햇살로 더 까맣게 된
된장을 퍼내 보이며
예전부터 집안에 사람이 상하면 때깔이
깜짝 새 저렇게 가 버린다는 주문呪文 같은 말씀
가슴으로 꽉 들이박히는데
생애를 다 거쳐 온 외할매
사람 낯빛만으로도
세상 돌아가는 것쯤 이미 알고 있다

찔레꽃

들판 한가운데에서
방천 밑동에서
잔솔 무덤 진 아장사리에서
이끼 낀 돌 틈에서
삐쭉하게 내민 하얀 손
말할 듯 말 듯하다
하얀 찔레꽃 꺾어 쥔 손
찔레꽃 뒤 숨은 가시에 찔려
솟은 핏방울 닦아 주던

어머니의 하얀 광목 저고리처럼
해마다 피고 있네

슈퍼에서 마신 맥주 두 병

아내가 예전 같지 않게 통살맞게 굴어 어쭙잖은 놈의 가장이라는 똥폼으로 한바탕 성깔 좀 내지르고 밖을 나오니 원 나설 곳이 있어야지요 바람 터진 타이어가 방향도 없이 굴러가다 맥 빠진것처럼 동네 슈퍼에 주저앉아 맥주 두 병을 들이켰더니 좁쌀만 한 세상이 내 배로 들어와 무진장 커져 버렸다

집 고양이

의외였다
아내가 목소리를 내기 시작했다
예전 같으면 며칠씩
집 비울 엄두를 낼 수도 없었는데
요즘엔 당연한 것처럼 말한다
장모님 기일에 수원 올라가는 것도
처형댁 안양 들렀다 또 하루
서울에 사는 둘째아들 집에서 하루
다음 날 서울랜드 둘러보고
저녁 일곱 시 차로 내려올 거란다
예전엔 혼자 있을 때가 그저 좋았다
방에 멍하게 앉아 있어도 좋았고
늦게 들어와도 닦달 없어 좋았다
언제부턴가 이제는 내가 불안하다
아내가 나를 길들여 놓고 간 것이다
밥때가 되면 찾아드는 집괭이처럼
부엌 쪽을 바라보지만 기별은 없다
방에서 홀로 고양이가 발톱을 깎고 있다
날카로운 발톱을 둥글게

매화 피던 날

당신에게 수없이 걸었던
공중전화부스 앞을 걸어가다
나 한참을 서성거렸네

지난겨울 동안
당신과의 통화를 엿들었을 매화나무
며칠 전만 해도 맨송맨송하던 꽃봉오리가
수화기 너머 그때의 당신처럼
까무러치게 웃고 있네

나도 그만 활짝 따라 웃다
수화기를 들어 보았네
행여나 귀를 갖다 대보았지만
시린 바람 소리만 맴돌 뿐이네
웃음소리 간데없고
매화꽃 향기만 흩날리는
삼월 봄날 오후

층층이꽃*

널 바라보면 편해서 좋다
산을 오르다 지나칠 수 없어
눈에 들인 지 몇 해는 되었지

남해 설흘산에서부터
조계산 선암사의 암자 속으로
잦아드는 풍경 소릴 쫓아오다
멈출 수 없어 되밟아 온 너

순천만의 해풍을 덧칠한 채로
고개를 쳐든 너는
순천만 용산 오르는 길목을 지키며
날 몇 년은 기다려 주었지

행여 사람들이 널 보며
꽃잎이 붉다 아니하거든
속으로 불타는 정열만큼은
누구보다도 더 붉다 말하거라

*층층이꽃 : 연보라 꽃 다년초.

칠백 년의 사랑

살다 보면 누군들
말 못할 사랑 하나쯤 없으랴만
생애가 사랑이었다는
육십 바라보는 나종영 형
머뭇거리다 지리산 의신골로 들어선다

골이 깊어질수록
형의 얼굴엔 푸른빛이 돌고
찻물처럼 맑아진다
지리산 의신골에 다다르더니
눈으로 가리킨다

삶이 팍팍해질 때마다
눈빛 짙은 사랑 나누었다는
세상에서 단 하나뿐인
하동군 악양면 법왕리에 있는
칠백 년 푸조나무
전생에서 못다 채운 사랑 마저 채우느라

푸른 생채기 마다치 않는 청청함에
사랑이 무엇인가 알 것 같다

겨울 실상사

한 해를 기어이 넘기는가
억겁의 눈발에 가부좌를 튼
철제여래좌상의 묵언수행
삼층석탑 모서리의 귓불이 죄다 헐어 있다
풍경 소리 적요한 가람 터를 둘러보다
소식이 급해 바지를 뒤집으며
버림이 헛됨이 아님을 알았다
똥이 소중한 생명을 만든다니
깨달음은 비움에서 시작되는가
바지춤을 추스르고 나와 해탈교에 섰는데
문득 다가오는 풍경들
산을 닮은 무채색의 집들과
그 산을 바랑처럼 짊어진 사람들
세상에 버려진 것들을 받들며
묵묵히 살아가고 있다
내 안의 것들을 죄다 버려야만
떠나간 부처가 다시 살아온다

이인 휴게소

낯선 풍경으로 다가온
이인 휴게소
그 이름을 불러 보면
오래된 친구의 이름 같다
사람이나 지명이나
오래도록 떠올릴 수 있다는 것
나이 들어서 실낱같은 기억이라도
저리 마음 쓰인 것은
세상살이란 게
정 붙일 곳이 많진 않아서인가 보다
먼 훗날 사람이 몹시 그리워질 때면
이곳을 찾아와 보리라

우포늪

누군가는 그곳에서
나오더라 하고
또 다른 누군가는 그곳으로
걸어 들어갔다 한다
행여나 뭔가를 볼까 하여
아무리 바라봐도 들고 나는 흔적은 없다
수면을 채운 가시연 이파리에
습한 바람만 차고 넘친다
억겁의 찰나로 내리치는 죽비를 맞고서야
바람이 산다는 것을 알게 되었다
아득하지만 바람이 드나든 길에
물이 흘러들어 왔을 것이다
물과 바람이 어우러져 사는 집
이제는 사람이 저 안으로 들 차례다
땡볕에 묵음의 가부좌를 튼 가시연 위로
사람의 애비가 걸어 나와 말을 하신다
여보시게, 살 만들 하신가고

여명

아직도 공원은 어둠에서
빠져나올 기미가 없다
도토리나무와 배롱나무꽃에도
짙게 어둠은 깃들어 있는데
가로등보다 더 작은 할머니가
긴 밤의 어둠이었던 것들을
자루에 하나씩 주워 담고 있다
그중에는 울컥한 사연들이
간간이 들쳐 힘들기도 하지만
배롱나무꽃처럼 마냥 아름다울 수만은
없는 것이 세월 아닌가
어둠이 툭툭 떨어지는
도토리나무 아래를 지나가시는
할머니의 등 뒤로
새벽 여명이 찾아든다

피나물꽃 그대

천자암 가는 길가 자리 잡고
오가는 사람들에게
자꾸만 눈길 주는 녀석들
물어물어 집안 내력을 알았다
소름 돋는 이름 석 자 얻어다 붙인 게
겨우 독초인 피나물이었다니
그 누가 들이 붙여 놓은 걸까
내 보기엔 그저 순해 보여 좋기만 하던데
노란 꽃잎마저 예쁘기만 한 네 이름
꼭 개명해 님맞이꽃으로 부르겠다
조계산 산행길에 내 너를 모른다 하거든
다소곳이 고개 숙이지 말고
가는 길 막아서며 말하거라
눈으로 수없이 불러 주던 님맞이꽃을
어이 잊고 가시려는지
산사의 오월이지만
소소하게 꽃 피워 기다릴 날이란 게
그리 길지 않았더라 말하거라

연향도서관에서

소란했던 젊은 시절은 흘러갔고
옥상 위 야외 빈자리는 너무 커서
여길 찾아온 것이 되레 무안하다
엉덩이 들이밀고 앉아 보지만
식어 버린 자리를 다시 덥힌다는 것이
그리 쉽지는 않다
행여 남 볼까 봐 궁상스럽지만
심드렁한 심사를 달래기에는
이만한 게 더 어디 있을까 싶다
지금까지 내 살아오며
차마 버리지 못한 것들이
어찌 이 빈자리뿐이겠는가

첫눈

누군가의 추억을 덮느라
눈이 내리는지 모르겠다
이 밤 그곳에도 눈이 내리고 있다는
사진 속 풍경을 담아 보낸 그녀
그 눈이 땅에 닿자마자
물컹거리다 사라지는 게 안타깝다는데,
말끝에 실린 바람 같은 소리가
눈발처럼 내 귀에 내려앉는다
떠나간 사랑이 꼭 저랬다는
하얗게 다가왔으면
꽃처럼 피어 있기나 하든지
겨울 내내 사람들 가슴으로
얼마나 많은 눈이
하얗게 눈물처럼 흘러내릴까

이곳에도 어느새 눈발이 굵어진다

공허

우리들 가슴 안에
가득 찼던 말들이 사라지고 있다
소란했던 시절의 가벼움이
시간 속으로 사라진 후
말과 말 사이가 멀어지고 드물어졌다
그대라는 말과
당신이라는 말과
죽도록 사랑한다는 말과
하루라도 못 보면 죽을 것 같다는 말
세상 끝없이 영원히 사랑한다는 말과
당신의 나를 나의 당신을 그토록 사랑한다는
그 말들이 사라지고 있다
우리가 사는 이유가
오로지 당신과 나뿐이었던
그대와 이녁의 진한 사랑이 지워지고 있다

외눈박이 사랑처럼
온전하지 못한 반쪽 사랑으로

긴 시절 불임했던 시간을 아프게 떠나보낸
구월의 높아진 하늘엔
푸른 멍 짙다

청매 핀 강가

아지랑이 핀 봄날
낯선 길을 따라 나섰다면
이곳이 어디냐고 사람들에게 묻지는 마라
가는 곳마다 매화꽃들이
그대의 길이 되어 줄 것이니
꽃 따라 길 잃었거든 원망은 말거라
그대 안에 꿈만 같을 강으로 흘러든
길 하나 온전하게 모셔 놓았으니
한 시절 봄기운에 취해 복잡한 세상을
잠시 잊을 수 있었다면
그리 손해 본 것은 아니지 않은가

유리창엔 비

빗물이 흐르네요
아니 물고기들이 돌아다녀요
그 뒤를 새끼들이 꼬리를 물고 따라가네요
어떤 놈은 꼬리를 자르고 몸통으로만 다녀요
아예 커다란 머리로만 사는 놈도 있어요
너무도 이상해요

수많은 물고기가 다 살아가는 게 다르니
느리게 살아가는 놈 혼자 잽싸게 내빼는 놈
하지만 유리창은 달랑 그것뿐이거든요
달리는 차 유리창에 부딪히는 빗방울을 바라보니
문득 강이 생각났어요
우리가 사는 세상의 수많은 지류들이
강으로 흘러드네요

잠시지만 물고기들
팔팔한 생명으로 나를 스쳐 가네요
차는 멈추고 세상에 하나뿐인

우리들의 강이 사라지고 말았어요
유리창엔 비 아직 내리는데,

선암매

요즘 말이 너무 없다
봄이라는데
누구는 누구에게 수런거리며
꽃망울 곧 터질 거라는 둥
귀 기울여 말 듣지 않아도
심연의 소리쯤 다 알고 있다
육백 년을 그 자리에 있었다는 선암매
그래도 속정 깊을 울림이 듣고 싶어
아랫도리를 툭툭 건드려 본다
금방이라도 둥근 나이테 풀어내
오롯한 길 내줄 것 같아
이제나저제나 서성거리지만
오늘도
말이 없다

| 해설 |

슬픔을 발라내고 다독이며
애써 환해지려는 몸짓

정양주 시인

1

한 사람이 어떻게 시를 만나 함께 살게 되는지 지켜보는 일은 때때로 함께 술을 마시고 함께 밥을 먹고 당구를 치는 일과 무엇이 다를까 생각해 본다. 표정을 살피면서, 더불어 이야기를 나누면서, 묘한 습관을 알게 되면서 이제 어느 정도 이 사람을 안다고 말할 수 있겠거니 생각하다 어느 날 전혀 다른 모습을 발견하고 당황할 때가 있다.

다른 한편으로 한 권의 시집을 읽고 난 후 그 시인의 삶을 통째로 들여다본 것처럼, 감추고 싶은 비밀까지 공유한 것 같고, 시인의 걸음걸이와 뒷모습까지 본 것 같은 느낌을 받을 때가 있다.

 박철영 시인의 시집을 읽으며 내가 아는 박철영과 시인 박철영은 닮은 듯하지만 많이 다르다는 느낌이다. 다부진 몸매에 소년같이 호기심 어린 눈빛, 날랜 몸짓과 은근하게 느껴지는 근기만이 아니라 세상을 걷는 팍팍하고 무거운 걸음과 차마 내뱉지 못하고 가슴속에 쌓아 둔 말이 참 많다는 것, 그냥 무너질 수 없어 주문처럼 스스로를 위로하고 다독이는 눈물 젖은 모습, 자신을 둘러싼 사람과 사물들에게 지극한 정성으로 온기를 함께 나누려고 애쓰는 모습을 볼 수 있었기 때문이다.

 시인의 발걸음이 무겁다는 것은 그가 걸어온 여정이 결코 쉽지 않았고 앞으로 걸어갈 길이 더 어려울 것이라는 것을 자각하고 있기 때문이다. 아니 무거운 정도가 아니라 살수록 세상이 더 무서워지고 한 걸음 떼기가 어렵다. 나이가 오십 중반에 이르렀으니 어지간히 세상살이에 익숙해질 때도 되었는데 갈수록 어렵고 답답하니 서글픔이 이는 것이다.

내 손으로 무언가를 할 수 없어
답답할 때가 정말 많다
논을 갈아엎을 때도 고랑을 지을 때도
난 그때마다 답답하다
태어나 하고 싶은 것도 못해 보았고
어렵사리 직장이라고 들어가서도
하고 싶은 일을 하지는 못했다
거기다 말이 좋아 아웃소싱이지
거짓말 같은 거 절대 안 한다는 공갈을 믿고
그들이 들이민 곳에다 덜컥 사인해 준
천하의 바보 같은 내가 정말이지 싫다
나이 오십 넘어서도 할 수 없는 것이
아직도 너무 많다는 것을 안다
오늘도 남의 손으로 논을 갈아엎지만
내 손으로 내 땅 정도는 갈아엎고 싶다
갈아엎고 싶은 것이 어찌 논뿐이겠는가
녹슨 보습을 갈아 끼우고
확 갈아엎어 버리고 싶은 것들 참 많다

― 「논을 갈아엎으며」 전문

내 손으로 내 땅을 갈아엎고 고랑을 지어 씨를 뿌리

고 수확하는 주체적인 삶, 자유로운 삶은 언제나 우리에게서 멀다. 대부분이 자신이 하고 싶은 일이 아니라, 생계를 위해 어렵사리 직장에 들어가고 거기서 배신당해 다시 더 낮은 곳으로 밀려난다. 거짓말하지 않는다는 말이 이미 공갈이라는 것을 알면서도 어쩔 수 없이 한 번 더 믿어 보자고 자신을 다독이지만 결국 불안정한 지위와 더 적은 임금에 자신을 맡길 수밖에 없다. 이런 절망과 분노로 세상을 확 갈아엎고 싶지만 자신의 땅조차 남의 손으로 갈아엎어야 하니 그 걸음이 어찌 무겁지 않겠는가? 이 시대를 사는 사람들의 무거운 걸음걸이는 분노마저 남의 손에 맡겨 둔 서글픔이 배어 있다. 시인이 보는 것은 이 아이러니이다. 가슴속에 남은 자신의 마지막 한 뙈기의 논, 자존심이자 세상을 향한 외침인 이 마지막 영역마저 남의 손에 맡겨 두고 멍하니 바라보고 있어야 하는 답답함이 내 손으로 내 땅 정도는 확 갈아엎고 싶다는 말을 하고 있다. 하지만 이미 그럴 수 없다는 걸 알고 있기에 허망한 웃음을 바닥에 깔 수밖에 없다. 시인은 이 허망한 웃음을 흘리는 자신과 이웃들을 직시하고 있다.

    삽으로 논바닥을 푹 찔러 보았더니

자갈이 우두둑 짚인다

어느 해였던가

일곱 자식의 밥줄인 논에

수해로 패인 웅덩이를 메우느라

몇 달째 해거름보다 더 늦게 돌아오시던

아버지의 횅한 눈빛,

논바닥에 등짐처럼 번진다

— 「식정리 논 67번지」 부분

  그래도 생은 이어진다. 자신이 걷는 길이 이미 아버지가 걸었던 길이다. 늦어서야 아버지의 아픔에 공감한 죄로 아버지의 횅한 눈빛을 등짐으로 지고 살아가야 하지만 원래 생이라는 게 그렇게 이어지는 것 아니었던가? 무거운 발걸음이지만 한 걸음 한 걸음씩 걸어야 한다. 앞선 걸음을 따라 걷는 일이 내 삶을 만들어 가는 길이다. 단 한순간도 허투루 살지 않으면 남들에게는 별 볼 일 없는 삶 같지만 내게는 소중한 결실이 있다. 그래서 시인은 자신의 모습을 늙은 호박에 빗대어 무거운 발걸음을 끌면서라도 기어이 걷는 것이다.

    세상사를 말할 때는

겉만 보고 말하지 마라
홀로 꽃 피우고 맺힌
호박덩이일지라도
단 한순간도 허투루 살지 않았다
숨 턱턱 막힌 삼복더위와
처서 넘은 입동까지도
지칠 줄 몰랐을 저 불같은 성정
초겨울 서릿발 돋친 논두렁에서
넝쿨까지 마른 너를 거둬
두 동강을 낸 뒤에야
한 여름날 사라진 뜨거운 해가
네 안에 빼곡한 걸 알았다

- 「늙은 호박」 전문

 잎을 잃고, 넝쿨마저 말라버린 후 두 동강이 나서야 호박의 삶이 끝난다. 그 끝에 호박 속에 들어찬, 한여름날 뜨거운 해를 가득 담은 나와 너를 볼 수 있다. 그러기에 우리는 타인의 삶을 비루하고, 초라한 삶이라고 함부로 말해서는 안 된다. 그리고 삶은 뜨거운 해를 속으로 갈무리하면서 누군가에게 기대고 빚지며 일궈온 것이다. 시인은 그것을 알기에 초겨울 마른 호박을 자르면서 자신의 삶도 이웃과 주변 사물들의 삶도 뜨거웠다는 것을 기억하려고 하는 것이다. 그리고 여기서 한 발 더 나아가 별것 없는 삶이 결실 가득 찬 삶을 이끌어 낸다는 인식을 보여 준다.

> 방천 뚝방 위로
> 참외 넝쿨 무성하다
> 가린 잎 사이로 노랗게 핀 꽃 몇 송이
> 들여다보니 헛꽃이다
> 속 모른 놈 홧김에 내지르기 십상인 헛꽃,
> 며칠 뒤 줄기마다 뒤에 맺힌
> 암꽃이 수줍다
> 네가 피워 낸 헛꽃으로 허방을 딛고 일어나
> 둥근 중심을 꿈꾸고 있다
>
> — 「헛꽃」 전문

수없이 피었다 열매를 달지 못한 채 사라지는 헛꽃이 있어야 그 희생 위에서 둥근 중심을 꿈꾸는 암꽃, 곧 열매가 열리는 꽃이 피어날 수 있다는 인식이다. 그것은 시인의 어머니가 아버지가 그랬듯이 지금 허망한 모습으로 서 있고, 설령 작은 결실 하나 거두지 못한 처 사라진다 해도 우리의 삶이 결코 무의미하지는 않다는 위안이자 자신의 등을 스스로 다독여 주는 따뜻한 손바닥이다. 시인은 더 나아가 삶에 대한 긍정을 넘어 존재하는 모든 것은 서로가 서로에게 길을 열어 주는 존재이자 서로가 결실을 공유하는 존재라는 인식으로 나아가고 있음을 보여 준다. 헛꽃이 피었다가 지면서 밀어 올린 줄기에 달린 암꽃은 그래서 수줍은 모습으로 허방을 딛고 일어서는 것이다.

2

유년 시절을 보낸 고향을 떠나 살아가는 사람들에게 유년의 추억은 아름답고 서럽고 안타까움의 감정의 소용돌이다. 예전 사람들은 객지에 나와 살더라도 언젠가는 그곳으로 돌아갈 꿈을 꾸는 이들이 대부분이었다. 그러나 이제 그런 고향은 없다. 폐허가 되거나 도시의 주변부에 편입되어 가고 싶어도 갈 수가 없다. 그래서 고향은 이제 부모 형제와 친구들의 추억 속에서만 등장한다. 시인도 마찬가지의 상황이다. 언젠가 돌아가리라는 귀거래사가 아니라 상실의 공간, 아픔이 현재도 계

속 진행되지만 이미 다른 사람들의 공간이다. 그러기에 '해 준 것도 해 줄 것도 없는/논가를 서성이다'(「칠월 논가에서」) 어머니를 만나고, '끝없이 이어질 것 같던 생의 줄판이/모질게 비어져 삭지 못하고'(「시월 논배미」) 있는 아버지를 만난다.

> 흙바람처럼 새떼들이 날아온다. 후드득후드득 눈 덮인 겨울 아침 철들자마자 아들까지 서울로 떠나보내고 일찍이 홀로 되신 월산 아짐네 대숲을 나와 앞집 동인이네 아부지 밭은기침 소리를 피해 새암 쪽 담녀락 인동초 넝쿨 속으로 오목눈이 한 무리 날아든다. 밤톨만 한 몸으로 긴 밤 새느라 더 작아진 언 발 하나 대숲에다 걸어 놓고 며칠째 엄마 없는 아침 부엌 안을 기웃기웃 대더니 젖은 눈 비벼대다 뒷집 용기 형네 눈 덮인 울타리를 타고 동산 너머 웃골로 날아간다. 아직도 얼어 있는 대숲 위로 다시 눈이 내린다.
> 　　　　　　　　　　　　　　　- 「오도눈이」 전문

그곳에서 만난 새 떼들이 바로 시인 자신이다. 마을 집집마다 묵혀 둔 사연이 가득한데 잠시 스치고는 훌훌 날아간다. 월산 아짐은 아직 혼자 살고, 동인이네 아버지는 아프다. 밤톨만 한 몸이 언 발을 대숲에 걸어 놓고 잠시 두리번거리다가 용기 형네 집은 울타리만 보고 윗마을로 날아간다.

그 행간에 감추어 둔 이야기가 아무리 많아도, 고향에 가면 생각나고 보고 싶은 것이 아무리 많아도 한나절 혹은 하룻밤으로 끝내고 돌아오고 만다. 그래서 한 바퀴 횡 마을을 돌면서 끝나 버리는 시인의 고향길은 늘 안타깝게 눈가를 젖게 한다. 고향마저 얼어 있다. 마음속에 이는 화톳불이야 활활 타오르지만 얼어 있는 고향이 풀릴 수 있는 이야기를 주저리주저리 늘어놓을 수 없는 아픔이 있는 시다. 새 떼의 움직임만으로 그 많은 이야기를 풀어내는 시인의 눈이 아름답고 따뜻하면서도 안타깝다.

시인은 도시에 살고 제철소에서 일하는 노동자이지만 눈은 새에게, 꿀벌에게, 나무와 꽃에 있다. 새의 빈 둥지를 보면서 자신이 비워 주고 온 셋방을 생각하고, 꿀벌을 보면서 밥 한 끼를 생각한다.

그만 돌아오세요, 제발
무엇이 그리 놀라게 했나
식솔들 다 챙겨 떠나간 그녁

저 작은 둥지에서 알콩달콩 새끼들과
다릴 뻗고 살았을 테고
남보다 먼저 일어나
물어 날랐을 끼닛거리 변변찮아
매번 허기로 남았을 터
세간살이 하나 남기지 않고
어디로 황급히 떠났을까
등기부에도 올리지 못할
청거시 여린 나뭇가지에 매달린
둥지 안이 커 보인 것은
이십여 년 전 포항시 죽도동
단칸 셋방이 그리워서는 아니다
난 너에게 차마
방을 비우라는 말은 못했다

— 「빈집」 전문

  작은 둥지가 커 보인 것은 그만큼 마음이 휑하게 빈 탓이다. 단칸 셋방에서 식솔들을 건사하기 위해 일하면서도 매번 허기를 느꼈던 옛날이 그리워서가 아니라, 지금도 그렇게 사는 이웃들과 시인의 모습이 투영되었기에 새가 떠난 빈 둥지가 그렇게 커 보이는 것. 방을 비우라는 말을 하지도 못했는데 떠나간 새는, 집값이 올라 어쩔 수 없이 떠나갔거나, 압류 딱지에 밀려난 이웃으로 읽힌다. 그가 떠나간 것이 직접적으로 자신과는 아무 상관이 없는 일이라고 애써 위안해 보지만 그를 떠나는 데 작은 영향이라도 미치지 않았나 걱정이 된다. 아니 그가 놀라 떠나는 데 어떤 영향을 끼쳤다는 느낌이 든다. 세상은 다 이어져 있으니 왜 내 영향이 전혀 없다고 말할 수 있겠는가? 그래서 다시 돌아오기를 소망한다. 다시 이웃이 되어 알콩달콩 사는 모습을 보고 싶다. 세상은 함께 사는 공간이라는 말이 수사로 끝날 수 없음을 자각하는 시인의 아픔이 절절하다. 농촌의 마을 공동체 속에서 유년을 보낸 이웃의 아픔이 곧 내 아픔이라는 의식이 각인되어 있기에 이런 마음이 가능할 것이다.

3

박철영 시인은 다부진 몸만큼 겉으로 자신만만하고 당당하게 보인다. 늘 성의를 다하여 사람을 만나고 누구에게나 겸손하지만 줏대 있고 강단진 모습이라 마음

속 아픔을 잘 들키지 않는다. 그가 왜 그렇게 보이는지 「야근」을 보면서 알게 되었다. 그는 힘들 때마다 그 힘든 모습이 다 지워지도록 거울을 보았던 것이다.

> 밤에도 벚꽃은 필 것이다
> 저들도 밤을 새우느라
> 눈도 뻑뻑할 것이고 몸은 굳고
> 발목은 시시때때 저릴 것이다
> 그런 몸을 뒤척여 가며
> 환하게 꽃을 피워 낼 것이다
> 사람들은 꽃만 쳐다보았지
> 누구 하나 긴 밤 수고한
> 발목을 어루만지는 이 하나 없다
> 제철소 교대근무 삼십 년을 해 오며
> 야근에 몸이 쑤시고 고통스러워도
> 아무렇지 않은 듯 아침을 맞는 벚나무같이
> 그렇게 다독이며 여기까지 왔다
> 야근을 마칠 때마다 거울 앞에 서서
> 얼굴 속 기계의 소음들을 발라냈다
> 얼굴이 환해질 때까지
>
> — 「야근」 전문

야근이 끝나고 나면 푸석해진 얼굴, 기계의 소음까지 얼굴에 붙어 있어 누구라도 '너 참 힘들었겠구나.' 하고 알아차릴까 봐 얼굴이 환해질 때까지 거울 앞에 자신을 세워 두었다는 말이 확 다가온다. 그래, 아침에 피는 꽃들은 대부분이 아침에 피어나는 것이 아니라 밤새 피어 있던 꽃이다. 잘 자고 일어난 사람은 '아, 너도 일어났구나.' 하고 꽃에게 인사를 건넬 수 있겠지만 꽃이 잠들지 못했다는 것을 아는 사람은 그런 인사를 할 수 없다. 야근 교대근무를 삼십 년이나 해 온 시인은 꽃이 환하게 피어 있는 모습을 보여 주기 위해 어떤 아픔을 통과했는지 알고 있다. 그러기에 자신을 다독이며 살아온 것이다. 환하게 웃으려고 노력하면서.

  그래서 시인의 시 속에는 감정이 과도하게 드러나는 것이 참 적다. 감정이라고 드러낸 것도 점잖게 훈계조이거나 혼잣말이다. 때로는 단순하다고 여겼던 박철영 시인의 시의 비밀이 삼십 년이나 거울을 보면서 아픔이나 슬픔을 기계 소음 발라내듯 발라내고, 남은 얼굴을 보여 주면서 산 탓이라면 비약일까? 슬픔도 아픔도 심지어 기쁨도 발라내고 꼭 하고 싶은 말만, 보고 있는 사실만 말하려는 단조로움이 시인 스스로 애써 노력한 결과라는 생각이 든다.

사람이 좋으면 그런가
동네에 든 달빛에 별도 곱다
곱다고 볼 게 어디 한두 가지랴
달을 보는 사람들이 달보다 곱다

월선리의 달은
황토방에서 자고 일어난다
배시시 문 열고 나선 달이
화장기 없는 시골 아낙 같다

집집이 달궁이다

- 「월선리의 달」 전문

  좋은 사람을 만나 함께 이야기하다 보니 그 동네의 달빛도 좋고 밤 분위기도 좋다. 편안하고 즐거운 사람들과 밤을 보내고 나니 그 마을에서 자고 일어나는 모든 사람들의 얼굴이 환한 달빛이다. 그러니 집집이 모두 달의 궁전일 수밖에. 시인이 그리는 이상향이다. 시인은 늘 좋은 사람들, 즉 순하고 따뜻하고 욕심 없는 사람들과 함께 사는 삶을 꿈꾸고 있다. 무거운 걸음을 기어이 걷고 있는 이유가 바로 이런 사람들을 만나고 싶은 소망이 있기에 가능했다.

  시의 시선이 자연의 소박한 꽃과 작은 새, 곤충 그리고 가난한 사람에게 닿아 있는 것도 이런 사람들과 함께 살고 싶은 소망을 드러낸 것이다. 참 아담한 꿈이다. 그런데 현실은 이 작은 꿈마저 늘 배신한다. 그 소망과 배신 속에서 시인은 때로 혼잣말로 자신을 다독이면서, 가끔은 입술을 깨물고, 이웃들을 살피고 고향을 오가며 시의 길을 걷고 있다.

  큰 산에 가린 협곡이라 다른 고을 다 비추고서 늦디늦게 달이 떠오르는 마을이 지리산 달궁이다. 사람 적은 겨울밤, 그 달궁 마을에서 박철영 시인의 나지막한 목소리로 들려주는 다음 이야기를 듣고 싶다. 벌써 시인의 다음 시집을 보고 싶다.

박철영

1961년 전북 남원에서 태어나 한국 방송대 국문과를 졸업했다. 2002년 『현대시문학』을 통해 등단했고 시집으로 『비오는 날이면 빗방울로 다시 일어서고 싶다』가 있다.

e-mail psteelp@portl.co.kr

문학들 시선 035
월선리의 달

초판1쇄 찍은 날 | 2015년 11월 20일
초판1쇄 펴낸 날 | 2015년 12월 1일

지은이 | 박철영
펴낸이 | 송광룡
펴낸곳 | 문학들
등록 | 2005년 8월 24일 제2005 1-2호
주소 | 61489 광주광역시 동구 천변우로 487(학동)2층
전화 | 062-651-6968
팩스 | 062-651-9690
전자우편 | munhakdle@hanmail.net

ⓒ 박철영 2015
ISBN 979-11-86530-13-9   03810

· 잘못된 책은 바꿔드립니다.
· 이 책 내용의 전부 또는 일부를 재사용하려면
  반드시 저작권자와 문학들의 동의를 받아야 합니다.
· 책값은 뒤표지에 표시되어 있습니다.
· 이 시집은 전남문화예술재단에
  창작지원금(2015)을 지원받았습니다.